Guía y truco:

hackear redes WiFi

Contenido

Las redes WiFi no son impenetrables, con los trucos y los procedimientos adecuados, puedes disponer de una conexión sin conocer la clave, si siempre has querido estar conectado sin limitación, esta es la mejor manera de hacerlo realidad, tomando en cuenta el tipo de sistema desde el cual se puede hackear.

La seguridad de cada router deja una posibilidad, es decir su nivel de seguridad es retado con un defecto de fábrica, como también poseen cierta vulnerabilidad a los distintos procedimientos que surgen cada día, porque para cada modelo de red de WiFi, se presenta una oportunidad para retar la seguridad de esta clase de conexión.

Qué significan las redes WiFi

El WiFi es un mecanismo que funciona de manera inalámbrica, permite abrir paso a un acceso a internet de distintos dispositivos, es una tecnología vinculada a diferentes modoso de usos, donde la ausencia de cables se establece como una solución clara, esa conexión se lleva a cabo por medio del uso de infrarrojos.

La transmisión de información se encuentra garantizada, porque una de las cualidades de esta tecnología es la inmediatez, pero la condición es que el usuario posea un lugar sobre el alcance y la capacidad de las redes WiFi, el radio normal frecuenta los 5 y 150 metros de distancia de la emisión de la señal.

La configuración es un aspecto clave en el tema del hackeo de redes WiFi, es muy sencillo y cuando no se cubre se produce un verdadero dolor de cabeza, además la tarjeta de WiFi de los dispositivos tiene mucho que ver para que se pueda utilizar la conexión en su máxima expresión, para que la compatibilidad de la red no se vea afectada.

¿Es legal hackear una red WiFi?

La conexión a internet sin cables es lo que caracteriza a una red WiFi, esa emisión de información o datos por medio de ondas crea la oportunidad de que muchas personas puedan tener acceso a la misma, lo cual no es una información irrelevante porque uno de sus puntos bajos es la seguridad.

La dimensión de una red WiFi y su expansión, causa que sea accesible en cualquier tipo desde cualquier lugar con su punto de radio de cobertura, estas llegan a estar incluso sin contraseña por falta de configuración de los administradores, lo cual puede reducir la velocidad de carga de datos de internet, porque terceros pueden conectarse a la red.

Sin embargo, con la creación de la contraseña, tampoco se está seguro, porque muchos métodos permiten atacar a esa red y ser parte de la misma, lo cual se clasifica como estafa informática, ya que no se cuenta con el consentimiento del titular, y se refleja una carga extra sobre el consumo y en algunos casos disminuyendo la velocidad de acceso.

Esa conexión se interpreta como un patrimonio de otra persona, por ello es un perjuicio ilegal ese tipo de uso, sobre todo porque ese uso no autorizado está causando un aumento de cuota sobre el proveedor de servicios WiFi, a nivel de Europa, este tipo de acciones se han incluido sobre el Código Penal.

Las penas legales por hackear redes WiFi, comprende hasta la prisión, en un lapso mayor a tres años, más un importe económico hacia la parte afectada, este es el riesgo que se corre al momento de hackear esta clase de conexión, además la medida de este delito se basa en los métodos empleados para llevar a cabo esta acción.

Normalmente el tipo de pena legal que se aplica es un importe menor a 400 euros, y una multa que no excede los tres meses, lo que más se puede medir o probar es el incremento del consumo de internet al existir una conexión adicional que no se encuentra autorizada, para llegar a esa determinación se usan programas que administran la actividad de la red.

De la misma manera en la que se emplean programas para hackear una conexión, de ese mismo modo se han diseñado utilidades para contrarrestar ese ingreso de terceros no autorizados, es decir son aplicaciones que protegen el uso de las redes WiFi, teniendo la posibilidad incluso de encriptar la red.

Las señales más usuales para que los usuarios piensen en que su red está siendo hackeada, es la caída de velocidad, ese tipo de molestias es lo que causa un llamado de atención, y los programas que miden el consumo, entregan reportes diarios o lo registran, de ese modo pueden empezar a tener indicios y pruebas del consumo extra de un intruso.

Los tipos de seguridad de redes WiFi a hackear

Cada una de las redes WiFi, posee estándares de seguridad, esto se impone como una barrera para que no exista un acceso no autorizado, los más comunes a atacar para obtener el acceso hacia la conexión, son las siguientes:

- **WEP**

Forma parte de un protocolo de seguridad conocido como estándar 802.11, fue ratificado desde 1997, sus siglas corresponden a: Wired Equivalent Privacy, establece un algoritmo de seguridad que se encuentra obsoleto sobre redes inalámbricas, cuida la confidencialidad, pero de igual forma es posible de hackear en tan solo unos minutos.

- **WPA**

Es el reemplazo de WEP, se conoce como un estándar de seguridad estable, fue sacado a la luz desde el 2003, sus siglas se ilustran como Wi-Fi Protected Access, es una prevención ante los ataques que sufría WEP, su funcionamiento se basa en claves temporales, designa una clave por paquete, y posee comprobación de mensajes.

- **WPA2**

Su origen está anclado a la sustitución de WPA, posee una implementación de más elementos, hasta un soporte y un cifrado, fusionando aspecto de las anteriores para mejorar el nivel de respuesta ante los ataques, por ello hackear este tipo de seguridad, requiere de pasos o ejecuciones que sean más sofisticadas.

Esto causa que sea más sencillo fijar como objetivo algunas redes de WiFi que posean WEP por ejemplo, ya que la debilidad es lo primero a sacar provecho, para eludir las normas de seguridad que buscan perfeccionar cada falla.

Cómo se comprueba la seguridad de una red WiFi

Sobre una red WiFi se puede llevar a cabo una auditoría, para buscar estudiar y certificar la seguridad de la misma, normalmente se utilizan software de la talla de WiFi Auditor, este se ejecuta sobre sistemas Windows, cuenta con un funcionamiento avanzado sobre la informática, es compatible con cualquier ordenador que posea Java.

Esta novedad de auditoría, limita un poco el margen de hackeo que se puede presentar sobre una red WiFi, sobre todo porque estos softwares han extendido su versión para Mac OS X, esta ayuda deja a un lado algún nivel de vulnerabilidad que presente la red, pero en su funcionamiento de protección, también es capaz de proporcionar contraseñas.

- ## WiFi Auditor como una herramienta de hackeo

La potencia de funcionamiento de WiFi Auditor, proporciona información sobre las contraseñas de redes WiFi que sean vulnerables, como también con las que no poseen seguridad, así que sería una herramienta que es útil para utilizar estas contraseñas para conectarse gratis a internet gratis.

Las opciones básicas de este software son muy sencillas de entender, simplemente hace falta dar clic sobre la opción de "auditoría de redes" para que el programa se encargue de llevar a cabo sus funciones, es un trabajo automático que proporciona los datos de vulnerabilidad de seguridad que te permiten control y poder sobre esas redes.

La detección de debilidades de seguridad, también tiene mucho que ver con el router que se utilice, porque su nivel de vulnerabilidad puede causar que en unos segundos se obtenga la contraseña, impactando sobre los algoritmos que se han hecho público tomando en cuenta la dirección MAC.

El tipo de contraseña que puede ser contrarrestada por WiFiAuditor, son aquellas que presenten las siguientes características o descripción:

- Aquellas redes que por defecto conserven el nombre original impuesto por el propio router.
- Contraseñas por defecto, suele ser la misma que está insertada sobre la parte posterior del router.
- Redes que se encuentren cercanas, sin obstáculos o interferencias como muros grandes, permitiendo que el emisor y el uso del software tengan contacto pleno.
- El router posee un algoritmo público e identificable.

Esto se debe gracias a que el estudio o identificación que realiza este software, es capaz de tener acceso hacia la contraseña o por lo mínimo al router, ese tipo de vía libre permite que la conexión a internet pueda es proporcionada por esta herramienta.

• Las funciones de WiFi Auditor vs WiFis-lax

Una comparación entre WiFislax y WiFi Auditor que son muy usados en la actualidad, por la sencillez de sus funciones, causando que la revelación de contraseñas WiFi sea más común de lo habitual, antes de comparar ambas, es recomendable revisar la legislación local acerca del uso de estos softwares para eludir cualquier problema.

El primer punto diferencial entre un software y otro, es que WiFislax no es compatible con Windows, en cambio WiFi Auditor si puede trabajar con este tipo de sistema operativo, además este no requiere de ningún tipo de instalación, sino que funciona con la versión de Windows más moderna, porque trabaja como máquina virtual de JAVA.

En cambio en resultados, ambas alternativas son eficientes para estudiar cualquier tipo de red que esté cercana, aunque si se posee una antena potente, se aumenta el alcance de manera significativa, lo recomendable es optar por un panel direccional, siendo una de las mejores opciones para sacar provecho a ambos software.

• El proceso de instalación de WiFi Auditor

Uno de los requisitos para instalar WiFi Aditor es contar con JAVA, lo que excluye cualquier tipo de uso sobre Android, pero si está disponible con Windows y MAC Apple, su funcionamiento es rápido y simple, a diferencia de WiFislax que posee opciones más avanzadas y requiere de mayor tiempo, pero solo admite Linux.

La ejecución de estos softwares permite llevar a cabo dos alternativas, en primer lugar la auditoría redes, y conectar, de ese modo se puede generar el descifrado de clave que sea posible, esta es emitida directamente sobre la pantalla, e impulsa la conexión, su aplicación es sencilla sin ningún tipo de manual se pone en marcha.

Lo mejor de este tipo de software es que no es clasificado como ilegal, es un cálculo matemático, así que como tal no descifra contraseñas o no está diseñado para ello, sino que sus operaciones dejan al descubierto las propias fallas de los modelos de router, siendo sencillo suponer el tipo de clave que posee.

Los propios proveedores de internet, son lo que exponen en línea el tipo de contraseña que poseen por defecto, y cuando el administrador no realiza un cambio sobre las mismas, es que se presenta esa brecha de oportunidad para hackear la red, lo que es ilegal es el uso de esa red WiFi sin consentimiento, pero la obtención lícita es otro aspecto.

El programa de WiFi Auditor no proporciona contraseñas que hayan sido personalizadas por el usuario, ese tipo de cambio no es sencillo de detectar, ni es compatible con las funciones del software, su acción está sobre las redes vulnerables y descuidos del usuario, las marcas con mayor margen de debilidad es Dlink, Axtel, Verizom, Tecom y otros.

Los caracteres más usados sobre contraseñas de redes WiFi

La formación de una contraseña en una red WiFi, cuando se personaliza, complica todo tipo de intento de hackeo, sin embargo la mayoría de usuarios no realiza este paso, sino que utiliza esta red bajo valores predeterminados, los programas mantienen un diccionario de las más posibles, para vulnerar la seguridad de dicha red.

Los valores que más se utilizan son los numéricos, alfabeto latino en minúscula o en mayúscula, alfanumérico, hexadecimal tanto en mayúscula como en minúscula, hasta se pueden incorporar los caracteres especiales, las contraseñas impuestas de fábrica poseen un conjunto hexadecimal de 16 tipos de caracteres posibles.

Este tipo de información o dato, reduce la posibilidad en grandes proporciones, dejando que el algoritmo se encargue de descartar las compatibilidades con la contraseña, por ello es una carencia de seguridad dejar la clave que es impuesta de manera predeterminada, por ello lo recomendado es que coloquen 12 caracteres.

En cambio, cuando se inserta alguna clave sobre la red WiFi, se debe implementar fuerza bruta para que exista una descifrado oportuno, depende del poder o la capacidad del ordenador, sino el tiempo para descubrir la clave, aumenta de forma proporcional, normalmente las claves que poseen longitud de 8 dígitos tardan de 7 a 93 días.

Cuando se unen variables como mayúsculas y minúsculas, la espera puede llegar hasta años, es decir que cuando se trate de contraseñas más complejas, ni el mejor programa será capaz de actuar de forma efectiva, ya que cada uno desarrolla operaciones matemáticas, en medio del proceso de cracking.

Ante este escenario negativo de claves complejas, la única manera de agilizar esto, es con una implementación correcta de equipos, donde resalta la tarjeta gráfica, esta debe ser potente, para que posea un rendimiento de 350.000 hashes WPA o WPA2 por segundo, ya que esto significa que estudia hasta 350.000 contraseñas.

Cuando se incorporan hardwares de talla FPGA, se presenta un rendimiento de hasta 1.750.000 hashes por segundo, siendo una diferencia considerable, esto es esencial saberlo de antemano, ya que si la contraseña no es larga, y no se encuentra sobre el diccionario, significa que es un proceso demorado ampliamente.

Los factores que vulneran una red WiFi

Hallar la vulnerabilidad de una red WiFi, compromete por completo todo nivel de seguridad, ese resultado fatal, se puede originar cuando concurren distintos factores, es decir bajo los siguientes escenarios se pueden desarrollar actos maliciosos:

1. Secuestro de DNS

Una red puede recibir un ataque desde la navegación en internet, porque el Sistema de Nombres de Dominio (DNS), permite la comunicación entre un dispositivo y la red, ese tipo de función puede ser dominada por un cracker, para cambiar el DNS del proveedor real, a cambio del suyo, como un señuelo malicioso.

Cuando se produce este tipo de cambio, el usuario puede abrir un portal, y no estará seguro de ser el correcto, sino que puede estar en un sitio controlado por el atacante, pero conserva la apariencia del sitio web original, esto es imperceptible por el usuario, pero cuando ingrese su información, será enviada al atacante.

Este tipo de riesgo, tiene más que ver con la seguridad de los datos personales, como también es un proceso implementado por los programas de hackeo de redes WiFi, en algunos casos el propio navegador emite una comunicación, o alguna señal de alerta ante los usuarios para que sepan que algo anda mal.

2. Redes de bots

Este factor devela que algunos routers poseen un acceso remoto, muchos están encendidos bajo una modalidad predeterminada, esto crea una oportunidad para ingresar al router por ese camino remoto, esto sucede por medio del uso de servidor Secure Shell conocido como SHH, como también un servidor Telnet o con una interfaz web se lleva a cabo.

Cuando un usuario no realiza el cambio de esas contraseñas predeterminadas, se permite que los servicios de acceso directo puedan conectarse por medio de internet, dejando a un lado cualquier tipo de protección, ya que cualquiera puede tener acceso, ya que solo tendría que usar un programa para detectar los datos predeterminado que es sencillo.

Además, en internet este tipo de datos se encuentran publicados, causado que los ataques informáticos tengan mayor efectividad, este tipo de situaciones o características son expuestas y dejan sin respuesta a la seguridad.

3. Monitoreo de tráfico

En la actualidad se desarrollan herramientas de espionaje, una de ellas que afecta directamente a una red WiFi, es el monitoreo de tráfico, una de las más populares es tcpdump, esta se asocia directamente con el router, para recopilar toda la comunicación cifrada que se mantiene transmitida por medio del router.

4. Proxy

La invisibilidad de los atacantes es oro factor que golpea directamente a las redes WiFi, en esta maniobra los atacantes no realizan ningún tipo de instalación, ya que solo necesita que se encuentre disponible el SSH, de ese modo es adoptado como un disfraz, se crea una dirección invisible, y ante cualquier ataque su dirección no se expone sino la vulnerada.

5. **Protocolos vulnerables**

Distintos protocolos como UPnP, Bonjour, Zeroconf, y SSDP, proporcionan un camino abierto, esto es puesto a prueba por las aplicaciones que forman parte de la dinámica de los dispositivos del internet de las cosas, y los routers, y ante la falta de actualización de estos protocolos, surge una falla notoria, siendo una oportunidad para un ataque.

Para entenderlo mejor, es preciso procesar que un protocolo como Universal Plug and Play (UPnP), resume la configuración de equipos del nivel de PlayStation como también de Skpe, esta clase de programas, abre la puerta a que más usuarios sean parte del desarrollo de sus funciones, y esto causa que la dirección IP sea pública.

Cualquier tipo de falla con el uso de UPnP, directamente sobre el router, causa que salgan a la luz las fallas, y esto permite que más atacantes puedan tener acceso hacia la red interna, por ello son protocolos que habilitan funciones, pero que a su vez, lo ponen en peligro todo.

6. Contraseñas débiles

Los routers que forman parte del WiFi, emplean distintos mecanismos de cifrados, puede ser una red abierta, sin ningún tipo de cifrado, como también el conocido WPA2, lo recomendable es no aplicar métodos que no poseen garantías como es el caso de WEP y WPA, porque se descifran con bastante facilidad.

El cifrado personal de WPA2, es uno de los más confiables, pero todo recae de igual manera, sobre la decisión que se pueda tomar sobre la contraseña, ya que una que posea por lo menos ocho dígitos, se puede descifrar en pocos minutos, sobre todo cuando utilizan programas de ataque de fuerza bruta.

Cuando algún usuario no se toma en serio la clave de la red WiFi, se originan los problemas, ya que es un punto sencillo para que los atacantes conecten con el router, y esto causa que los dispositivos conectados a dicha red también sean expuestos, aunque los ataques también persiguen las vulnerabilidades del firmware que posee el router.

Trucos para descifrar las claves de redes WiFi para Linux

El interés por descifrar la clave de las redes WiFi de terceros cada vez aumenta, es una tarea que por encima de compleja solo requiere conocimiento, porque con los consejos adecuados y la preparación extra, puedes tener la capacidad de obtener cualquier tipo de clave, aunque el uso de esos datos, corren por propia cuenta el riesgo legal.

Al momento de querer hackear alguna red WiFi, el procedimiento cambia según el tipo de sistema operativo desde el cual se llevará a cabo esta acción, por eso se clasifica de la siguiente manera:

• Preparación para Linux

En el caso de realizar el hackeo desde un sistema Linux, lo que debes tener o incorporar son los siguientes:

1. **Aircrack-ng:** Representa una Suite de diversos programas, siendo útiles para atacar las redes WiFi, esa serie de programas albergan paquetes

para generar ataques, ese tipo de programas son los que descifran las claves, ya sea WEP o WPA.

2. **Tarjeta de red USB:** Se trata de una incorporación que puede tratarse de PCI.

3. **Reaver-wps:** Son tipos de programas que aprovechan los fallos sobre la incorporación de WPA, gracias al WPS.

Una vez que se obtengan estos tres requisitos, es momento de auditar a la red para obtener la clave del WiFi, lo principal es instalar Aircracck-ng, posee una versión de 32 bits y 64 bits, al tenerlo instalado, es momento de contar con la tarjeta de red USB, ese tipo de tarjetas cuentan con más capacidad que otras, la que más resalta es chipset RTL8187.

La estabilidad de ese tipo de tarjeta es atractiva, y todos los programas son capaces de trabajar con la misma, solo se deben vincular, para pasar al último paso de descargar el reaver-wps, este es el que ayuda a detectar las vulnerabilidades que existen, hasta aplicar ataques contundentes contra el WPS, y hallar el pin de seguridad.

La mejor manera para llegar a obtener la clave de la red WiFi, es al colocar el dispositivo de red bajo un modo monitor, además de estudiar la posibilidad de aplicar paquetes sobre la red WiFi, luego se puede usar el comando airmon-ng, de ese modo se trabaja sobre la obtención de la clave, los pasos a seguir son los siguientes:

1. **Ejecución de Iwconfig:** Esta función ayuda a detectar la tarjeta de WiFi, al observar ese número se puede llevar a cabo otro comando, que indique el nombre del dispositivo.

2. **Crear el dispositivo para extraer la clave:** La creación de un dispositivo, es lo que permite inyectar sobre esa red que se pretende dominar, para ello es vital introducir el comando de "sudo airmon-ng start (nombre del dispositivo)", para activar esta opción se debe ser root.

3. **Verificación del estado:** En la pantalla se proporciona información, al introducir el comando "iwconfig", indicando la activación del modo monitor sobre el dispositivo, a través del cual se buscará descifrar la clave del WiFi.

4. **Ejecución del rompimiento de clave:** Para medir el funcionamiento de los pasos anteriores, solo hace falta poner en marcha el dispositivo, para eso se debe contar con aireplay-ng, este es proporcionado por aircrack-ng, solo se debe ejecutar el comando de "aireplay-ng –test mono", esto bajo el modo administrador.

   El resultado de la acción anterior, emite el resultado de "injection is working", de ese modo puedes descubrir si funciona la inyección de paquetes, es una manera de descifrar la clave de WiFi, sacando a flote las vulnerabilidades tras la configuración de la red.

Otra alternativa más sencilla para llevar a cabo este procedimiento por medio de Linux, donde es vital descargar Kali Linux, por ser una de las herramientas más esenciales, lo siguiente es disponer de la memoria USB para que sea una unidad de arranque, y en su memoria estará el archivo ISO de Kali Linux para instalarlo luego.

La inversión por una tarjeta WiFi facilita todo el procedimiento, es una manera para monitorear toda la información de la red Wi-Fi, luego de este punto es vital iniciar sesión como un usuario raíz, esto es clave para llevar a cabo el proceso de hackeo, esa conexión entre la tarjeta WiFi a la computadora es la que pone en marcha todo el proceso.

Luego de cumplir con estos pasos previos, se deben ejecutar los siguientes pasos:

- Apertura la terminal del ordenador que posee Kali Linux, lo primero es ingresar al ícono de la aplicación, realizar clic, para que aparezca una ventana negra, debes ingresar el escrito o símbolo de "mayor que", o también se puede presionar Alt+Ctrl+T.

- Proporciona el comando de instalación mencionado anteriormente como "aircrack-ng", donde se ingresa el comando y presionar enter, el comando es sudo apt-get install aircrack-ng.

- Ingresa la contraseña cuando el software lo requiera, se trata de la clave usada para iniciar sesión en la computadora, luego se puede presionar "enter" y como tal se habilita el acceso como usuario de raíz, siendo útil para hacer que los comandos se puedan ejecutar tras la terminal.

- Localiza el nombre en el monitor de la red que buscas hackear, como mínimo debe aparecer alguna personal, de lo contrario significa que tarjeta WiFi no soporta ese tipo de monitoreo.

- Inicia el monitoreo de la red, para ello se escribe el comando airmon-ng start y el nombre de la red, para presionar enter.

- Habilita la interfaz, tras la imposición del comando iwconfig.

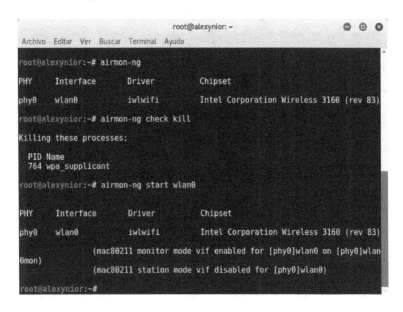

Cómo hackear una red WiFi desde Linux sin tarjeta gráfica

El método de Linux de hackeo puede ser complejo por el tema de la tarjeta gráfica, por ese motivo hay formas de llevar

a cabo este procedimiento al usar aircrack-ng sobre un ordenador, pero para que esto se haga realidad, se deben llevar
a cabo los siguientes pasos:

1. **Descarga del archivo de diccionario:** El archivo que más se utiliza de esta finalidad es Rock
   You, se puede descargar, y luego tomar en
   cuenta la lista de palabras, ya que si la contraseña WPA o WPA2 no está sobre ese resultado,
   no se podrá tener acceso hacia la red WiFi.

2. **Inicia el procedimiento de descifrado de contraseña:** Para que empiece el progreso, se debe
   incluir el comando aircrack-ng –a2 –b MAC –w
   rockyou.txt nombre.cap, es esencial asegurarse
   de usar la información correcta de la red, en caso
   de ser una red WPA, se cambia ese "a2" por solo
   una "a".

3. **Espera los resultados del terminal:** Al aparecer un encabezado como lo es "KEY FOUND",
   puedes obtener la contraseña.

Con una instalación extra, y con menor eficiencia, se puede
llevar a cabo el hackeo de la red WiFi, sin la necesidad de

contar con la tarjeta WiFi, ese tipo de facilidad se debe potenciar para lograr los resultados esperados.

Lo que debes saber para hackear WiFi desde Android

La disponibilidad de algunas redes WiFi, causa que exista cierta tentación por descifrar sus claves, esto es posible de realizar desde un Android incluso, existen distintas aplicaciones para esta finalidad, se pueden usar fácilmente para tener la contraseña de la red, y lograr disfrutar esa conexión.

Las únicas condiciones para tener esa ventaja de descifrar claves, es por medio de ciertos dispositivos que poseen características especiales, lo habitual es que sean dispositivos rooteados, con almacenamiento disponible, batería y memoria para que los resultados sean óptimos.

Por medio de pocos pasos, puedes intentar hackear la red WiFi, así de simple tu móvil se puede transformar en un medio de ataque informático, sólo debes implementar las siguientes acciones:

1. En primer lugar, cualquiera de las siguientes herramientas deben ser descargadas por medio de Google Play o

la App Store, de ese modo puedes instalarla sobre tus dispositivos.

2. Es vital abrir la aplicación, para que se pueda ejecutar.

3. Usualmente la mayoría de estas herramientas lo primero que hace es analiza cada red WiFi, en medio de una lista se emiten todas las opciones de conectividad.

4. En cada red WiFi surge un color que indica el grado de bloqueo, esta es una señal de la posibilidad disponible de hackeo, es un punto de partida para llevar a cabo el ataque.

5. Al pulsar sobre la red que se desea hackear, lo próximo es dar clic en "Connect".

WPS Connect		↻ ⓘ

🔒	5gNYSAL	▼
[WPA2]	DC:53:7C:64:B9:A2	-79
🔒	PS4-370CF11D819D	▼
[WPA2]	B0:05:94:6D:3D:51	-80
🔒	MiFibra-229B	▼
[WPA2]	44:FE:3B:40:22:9D	-80
🔒	Invitado-7F36	▼
[WPA2]	72:CC:22:9C:7F:39	-83
🔒	-- Hidden network --	▼
[WPA2]	44:FE:3B:3F:A9:72	-84
🔒	MiFibra-A96F	▼
[WPA2]	46:FE:3B:3F:A9:72	-84
🔒	HUAWEI-E5186-5G-4F2B	▼
[WPA2]	A4:CA:A0:4C:4F:2D	-85
🔒	ONOC825	▼
[WPA2]	DC:53:7C:3C:2D:3E	-85
🔒	forfox2	▼
[WPA2]	98:DE:D0:C3:5F:3F	-85
🔒	MiFibra-7F36	▼
[WPA2]	64:CC:22:9C:7F:38	-85
🔒	MiFibra-2F2F	▼
[WPA2]	44:FE:3B:40:2F:31	-86
🔒	Lowi4932	▼
[WPA2]	10:C2:5A:FB:49:37	-86
🔒	MiFibra-7274	▼
[WPA2]	BC:30:D9:79:72:76	-89

Necesitas conocer las mejores aplicaciones de Android para hackear redes WiFi, cualquiera de las siguientes que utilices, proporciona resultados interesante para vulnerar los niveles de seguridad de la red:

- ## Kali Linux NetHunter

Una herramienta de la talla de Kali Linux Nedthunter, se caracteriza por ser una de las potentes, permite hackear cualquier tipo de red WiFi, su funcionamiento es a código abierto, es una de las pioneras en este rubro, para usarlo, se debe tener instalada la herramienta WiFi de Kali, para llevar a cabo el procedimiento.

Posteriormente se debe incorporar un Kernel personalizado, donde se añadan las inyecciones inalámbricas, aunque algunas no son soportadas por ciertos Android, se debe probar descargar las adecuadas.

- ## WPS Connect

Se trata de una de las aplicaciones más populares para hackear WiFi, su temática principal es probar la seguridad de la red, esta aplicación es compatible con enrutadores de toda clase, lo principal es instalar la aplicación para usarla en la detección de vulnerabilidades disponibles sobre una red.

La efectividad de esta aplicación se inclina sobre las redes que son más vulnerables al hackeo, el cual se lleva a cabo por medio de las combinaciones de PIN, aprovechando esa probabilidad que se genera de los usuarios que no modifican la contraseña impuesta por el enrutador, esa configuración predetermina es una ventaja para conectar a esa red.

- ## WPS WPA Tester

Esta otra alternativa permite hackear la red WiFi, su desarrollo se basa en aprovechar las máximo las vulnerabilidades que detecta, en teoría esa función busca sacar a la luz esas fallas para solucionarlas, pero no se controla que se utilice para otras finalidades, para ellos se pueden probar algoritmos como Belkin, TrendNet y otros similares.

La compatibilidad de la aplicación, se asocia con la versión de Android 5.0 como también las versiones superiores, de lo contrario las versiones anteriores no ayudan a detectar el WEP-WPA-WPA2, y hacen fatal distintos intentos para que esto pueda funcionar.

- ## Aircrack-ng

Una opción confiable y estable para descifrar la clave de la red WiFi es representada por esta aplicación, es desarrollada bajo el funcionamiento de kernel de Linux, su diseño es asociado a XDA, por ese motivo posee un uso eficiente sobre Android, además de ser capaz de hallar chips WiFi que son admitidos por la modalidad monitor.

El uso de esta aplicación depende netamente de que sea un dispositivo rooteado, también es clave la asistencia de un ordenador que posea Linux, para completar el uso apropiado de cada función, se pueden observar distintos tutoriales que ilustran ese uso.

• DSploit

Se ha desarrollado como una gran aplicación para esta finalidad de estudiar las redes WiFi, con una cualidad XDA, llegando al extremo de conocer las vulnerabilidades que puedan existir sobre una red WiFi, siendo una gran pista para lograr penetrar la red WiFi, por ello se puede definir como un paquete amplio que analiza y emite información de red.

La capacidad de ese estudio, permite descifrar más detalles del WiFi, ya que se lleva a cabo un escaneo de los puertos, sin olvidar rastrear otra clase de operaciones, el uso de esta aplicación es explicado de forma frecuente por medio de YouTube.

• AndroDumpper

AndroDumpper se presenta como una aplicación que escanea las redes WiFi que estén cercanas, es una descripción amplia sobre la conexión, opera gracias a un algoritmo que se pone en marcha hasta el punto de determinar algunas contraseñas, haciendo posible el hackeo que todo usuario busca.

El funcionamiento de esta aplicación se asocia directamente con enrutadores para WPS, aunque en otro tipo de enrutador puede surtir efecto, solo es un requisito clave usar un móvil rooteado.

El hackeo mediante Android al inicio puede ser complicado, pero las aplicaciones anteriores son las mejores para esta misión, pero al principio debes poner en marche el uso de la aplicación desde una red propia o a la cual se posea acceso, luego se puede avanzar hacia otro tipo de uso.

Descubre cómo hackear redes WPA y WPA2 sin el uso de diccionario

El hackeo de una red WPA y WPA2 es una facilidad, se lleva a cabo por medio de técnicas que llegan a ser automatizadas, hacia ese tipo de evolución se encuentra la herramienta WiFiPisher, es una gran novedad y forma parte del diseño de LINSET (Linset Is Not a Social Enginering Tool).

Esta clase de scripts sigue el mismo proceso que otros similares, esto se expresa tras las siguientes acciones o atribuciones:

- Escanea sobre redes WiFi cercanas.
- Proporciona un listado de redes disponibles donde se pueden incorporar filtros.
- Función de selección de redes para capturar el handshake, en algunos casos se pueden usar sin handshake.
- Permite crear el falso ap, en este paso se puede colocar el mismo nombre que el original, para que los usuarios se puedan conectar hacia ese falso ap.
- Instauración del server DHCP, esto se incorpora sobre la red falsa para que la petición de conexión de la víctima, obtenga una petición de la contraseña, cuando la

ingresen, se cumple el objetivo, este paso puede llegar a personalizarse para ser igual al del router de la víctima.

- La contraseña arrojada, se puede someter a una verificación, y se compara con el handshake, al ser correcta se detiene el ataque DoS, y se baja el servidor para que de nuevo se conecten al AP real.

Al concluir cada una de estas funciones, de nuevo es momento de limpiar los temporales que se hayan creado, es decir se pueden cesar todos los servicios para que no haya más ejecución por parte del sistema.

El uso de LINSET para hackear redes WPA y WPA2, ayuda a que este proceso no requiera diccionario, con las bondades de estar en español, y en un mismo archivo se incluyen otros, en medio de ese funcionamiento se proporciona un soporte hacia la comunidad, sin perder de vista el conocimiento sobre el fabricante del router.

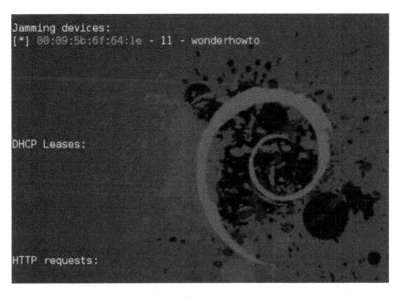

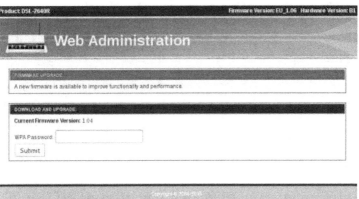

Cada portal dispone de idiomas accesibles para cada usuario, y desarrolla distintas vías para capturar el handshake, es

una herramienta con un tiempo de diseño mucho más maduro, previamente debes llevar a cabo estas acciones de preparación:

1. Instalación de cada una de los archivos mencionados anteriormente.
2. Personaliza el portal a tener cautivo, una vez que cuentes con los archivos por separados.
3. Seguimiento de los parámetros para automatizar el ataque a realizar.
4. No hace falta obsesionarse con obtener el handshake.

El hackeo de redes WiFi con PMKID

Las técnicas de hackeo de redes WiFi, se extienden hasta distintas herramientas que se enfocan en una clase de enrutadores distintos, tal como lo hace el descifrado de contraseñas PMKID, el cual cuenta con un funcionamiento óptimo sobre los protocolos WPA/WPA2, dominando cada característica.

Esta clase de acciones, busca alterar las redes WiFi, sus funciones fueron diseñadas de forma accidental, tratando de alcanzar el estándar de seguridad WPA3, por ello surgió este método que permite obtener y recuperar contraseñas, por

ello es atractivo sobre el hackeo y sobre todo para el seguimiento de comunicaciones en internet.

Los métodos para llegar a un resultado prometedor, se presentan cuando algún usuario inicie sesión, ya que estará pro-
porcionando la contraseña, todo esto sucede tras el protocolo de autenticación de 4 vías, donde se comprueba el
puerto de red, lo que se traduce en los siguientes pasos:

1. Emplea herramientas hcxdumptool, bajo una v4.2.0 o alguna superior, de ese modo el PMKID genera el punto
   de acceso específico, para tener contacto con el marco
   recibido a través de un archivo.
2. A través de la herramienta hcxpcaptool, se presenta la
   salida en formato pcapng, donde se convierte el formato
   hash, siendo aceptado por parte de Hashcat.
3. Aplicación de herramientas de descifrado de contraseñas Hashcat, hasta obtener la contraseña WPA PSK,
   ese tipo de contraseña es extraído por pate de la red
   inalámbrica, pero solo funciona o posee mayor peso sobre redes con una función roaming.

Este tipo de hack WiFi, no es útil contra un protocolo de seguridad que sea de la generación WP3, porque se trata de

una modalidad más complicada de atacar o vulnerar, sin embargo esa tecnología se usa, contra la que ya posee mayor tiempo de uso o en el mercado.

Cómo obtener claves de redes WiFi con BlackTrack 5

Blacktrack se conoce a nivel mundial como una herramienta clásica para llevar a cabo el cracking, su funcionamiento se basa en una distribución del sistema Linux, su diseño se enfoca directamente en la realización de estos ataques, aunque a nivel oficial se publica como una herramienta de auditoría de redes WiFi.

A lo largo del tiempo, se han desarrollado distintas versiones de este programa, junto también a una larga lista de tutoriales, todo se encuentra en su sitio web oficial, conserva una gran variedad de utilidades dentro de un solo programa, donde resalta el escáner de redes Nmap, Wireshark, y la explotación de navegadores BeEF, que causa una extracción.

Su uso es totalmente sencillo, y se puede emplear en Windows como un sistema de arranque, luego se instala sin problemas, se encuentra disponible hasta para ser empleado sobre Android, pero no es recomendable ya que no genera resultados eficientes, donde el primer paso es decirse por el tipo de red que se desea atacar.

```
bt ~ # airmon-ng
Interface       Chipset         Driver
ra0             Ralink b/g      rt2500
bt ~ # airmon-ng stop ra0

Interface       Chipset         Driver
ra0             Ralink b/g      rt2500 (monitor mode disabled)
bt ~ # ifconfig ra0 down
bt ~ # macchanger --mac 00:11:22:33:44:55 ra0
Current MAC: 00:c0:ca:25:2d:41 (Alfa, Inc.)
Faked MAC:   00:11:22:33:44:55 (Cimsys Inc)
bt ~ # airmon-ng start ra0

Interface       Chipset         Driver
ra0             Ralink b/g      rt2500 (monitor mode enabled)
bt ~ # 
```

Para evaluar las opciones de hackeo, solo debes revisar el panel de redes WiFi que se encuentran disponibles, luego se copia el nombre de la misma, e inicia el procedimiento de hackeo, la duración del proceso lleva a cabo una estimación acerca de la viabilidad de hackear este tipo red.

Los secretos para hackear redes WiFi sin programas

No hay duda que un paso sencillo para hackear una red WiFi, es no tener que utilizar programas, mucho menos pagar por ese tipo de resultados, lo primero puede ser simplemente capturando algún descuido sobre una red abierta sin ningún tipo de configuración, no es hackear propiamente, pero es más sencillo y lícito.

Para captar algún tipo de red sin claves, se requiere adquirir una antena WiFi de largo alcance, su valor ronda al menos los 100 euros, para luego pensar en una instalación sobre la terraza o azotea, siendo capaz de detectar cualquier tipo de señal a 5 km como mínimo, y 20 km como máximo, es de mayor utilidad si cuentas con domicilio céntrico.

Los lugares con mayor variedad de WiFi público, pueden ser dominados por medio de este método, y lo mejor de todo es que se trata de un método legal, para llevarlo a cabo puedes conocer las siguientes antenas del mercado:

- ## Antena TP-Link TL-ANT2424B

Cumple con un rendimiento de 2.4GHz 300Mbps 9dB, es una solución para que ninguna red se pueda pasar por alto en el exterior, su aplicación se puede desarrollar de manera centralizada, y emite una función profesional de conexión, sin embargo su diseño es sencillo de entender, siendo una gran alternativa para compañías como para domicilios.

- ## Ubiquiti LBE-M5-23 – 5 GHZ

LiteBeam M se basa en un dispositivo conocido como air-MAX, cuenta con características ligeras y un costo de oportunidad, a cambio de una conectividad de alto alcance, gracias a la aplicación de una antena direccional que llegue a ser inmune ante el ruido, en cuanto a lo físico, consta de 3 ejes que son fáciles de armar.

Esta herramienta puede ser integrada sin problema alguno al poste, todo gracias a su capacidad compacta que facilita su aplicación, es una comodidad utilizar esta clase de antena de gran alcance.

- ## Ubiquiti PowerBeam M 22dBi 5GHz 802.11n MIMO 2x2 TDMA

Posee un enfoque hacia alguna dirección de interés, ayudan a bloquear cualquier clase de interferencia, esa inmunidad es útil ante zonas o espacios donde concurren distintas señales que entorpecen la captura de las redes, ese diseño evita que haya una confusión entre la frecuencia, ya que posee tecnología Ubiquitis Innerfeed.

Un aspecto positivo de esta antena es que no posee cable, ya que la alimentación se crea por medio de un radio en la bocina, y al mismo tiempo esta característica aumenta el rendimiento, ya que no surgen pérdidas de conexión a diferencia de los cables.

A través de estas antes se pueden conseguir esas redes WiFi que estén abiertas, en cuestión de segundos y sin mucho esfuerzo surge esa conexión, se trata de una inversión que puede abrir las puertas hacia ese sentido.

Acrylic, Hack de redes WiFi WEP y WPA

El programa Acrylic cumple el rol de ser un analizador de redes inalámbricas, posee un funcionamiento directo sobre Windows, cuenta con una variedad de versiones que logran el propósito de hallar contraseñas, todo se genera bajo una modalidad automatizada por medo de la creación de scripts que proporciona el programa.

Cada script busca generar las contraseñas, ya que son programados para ello, y son capaces de agregar información sobre nuevos routers, todo se desarrolla en base a los fallos de seguridad que sea capaz de descubrir, su uso naturalmente corresponde a una protección sobre las redes WiFi, pero al mismo tiempo es capaz de hackear las mismas.

Lo que permite visualizar las opciones de seguridad que promueve esa red WiFi, gracias a que desarrolla un driver para capturar en modo monitor, las incidencias de la red WiFi, cada modelo de router es analizado por medio de esta herramienta, lo primero es que detecta el nombre de la red o SSID, además de la dirección MAC, y tipo de seguridad.

Cualquier punto de acceso que sea descubierto por esta herramienta, se debe a los defectos del router, siendo aprovechado por el programa que se encarga de calcular de forma automatizada las contraseñas, y sobre esto se concentra el número de scripts que obtienen una contraseña genérica, la precisión aumenta tras cada versión del programa.

Con los resultados que proporciona este tipo de programa, se pueden ir probando una a una las contraseñas, de ese modo se puede verificar si hacen posible la conexión con la red WiFi, aunque su enfoque sea proteger la red, en esa misma eficacia es capaz de detectar fallas de seguridad sobre otras redes WiFi.

Dentro de las versiones comerciales, Acrylic WiFi Profesional es la que más se utiliza, como un manejo de Acrylic WiFi Home, para que se pueda ejercer el análisis sobre la red WiFi, además otra alternativa es el sniffer WiFi, donde se visualiza el tráfico sobre una red WiFi, pero además cuenta con datos de seguridad para optimizar la red.

Antes de cualquier descargar, se puede consultar en el sitio web oficial de Acrylic WiFi, además de hallar la versión profesional de este software, son opciones para que obtengas funciones con mayor efectividad, lo más recomendable es abrir el programa bajo el botón "continue trial" para que comience el proceso.

Una vez que se haya presionado esa opción, es momento de seleccionar la ventana "créate new", y luego en "open existing" para que se cargue el proyecto, es momento de ingresar los datos de la red WiFi, además del mapa del área analizada, sin olvidar calibrar el mapa, y en las opciones de "plots", tienes acceso a "acces points" y "routes".

Rainbow tables como técnica de crakeo de contraseñas

En medio de los últimos años, los métodos de hackeo de redes WiFi se han complicado, en base a la estructura de la contraseña, ya que cuando no es una predeterminada, la función de los programas no llega a ser efectiva, por ese motivo se pueden implementar técnicas novedosas para que la develación de la contraseña se pueda materializar.

La solución ante los problemas de contraseñas mejor estructuradas, es aplicar una acción mixta, dividida entre el diccionario y la fuerza bruta, de eso se componen las Rainbow tables, para que las combinaciones de contraseñas puedan surgir por medio de un algoritmo, esa operación ayuda a comparar la contraseña que se busca descifrar.

Esta clase de técnica, libera la presión impuesta sobre la carga computacional, y eleva la velocidad de crackeo, siendo un valor superior a los demás, esto impulsa que se mejoren las capacidades de los hardwares destinados para este tipo de tarea.

Conoce la herramienta KRACK para hacker redes WiFi

La potencialidad de hallar debilidades sobre redes WPA2, más allá de su nivel de seguridad, la acción de KRACK resulta de gran utilidad, para ello debes descubrir las funciones que posee esta herramienta, siendo un método de hackeo a tomar en cuenta, su ataque funciona sobre cualquier red WPA2.

La vulnerabilidad que es capaz de encontrar este programa, tiene que ver con el propio sistema de WiFi que está siendo afectado, directamente como una condición del fabricante, además el hackeo de una red WiFi se puede implementar desde la reinstalación de clave por medio de un dispositivo Android.

Estos caminos ayudan a descifrar cada uno de los datos que trasmite el usuario, esto llega a ser muy minucioso sobre sistemas como Linux, y también en Android 6.0 como también los posteriores, ya que se enfrentan a un phishing o ransomware, este proceso en líneas generales abarca 4 vías del protocolo de seguridad WPA2.

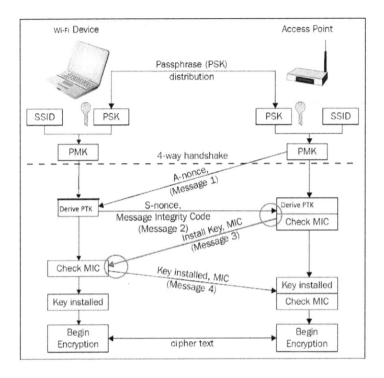

El programa detrás de estas siglas, se define como "Key re-installation attack", siendo una de las formas más devastadoras para realizar el hackeo, porque más allá de estudiar el tráfico sobre una red WiFi, también se encarga de falsificar e implementar paquetes, causando que tenga efectividad sobre un 41% de los usuarios.

WiFite cracker de redes WiFi

Una herramienta como WiFit Wireless Auditor, se ha tomado su tiempo de mejora en su diseño desde el 2011, pero ha alcanzado la versión 2 (r85), es una contribución importante a probar para impactar cualquier tipo de red WiFi, posee un diseño para Linux, además de ser testeada en BackBox, Pentoo, Blackbuntu, y también Backtrack 5.

Un aspecto dudoso es que no posee soporte, sin embargo, es una tentación medir su potencial, porque proporciona una función personalizada que facilita la automatización, no hacen falta muchos argumentos o explicaciones, enseguida se transforma en un programa de estándar para realizar la auditoría inalámbrica.

Sin embargo, debes tomar en cuenta los requerimientos de este programa, donde resaltan los siguientes:

1. Python 2.6.X o Python 2.7.X.
2. Controlador inalámbrico parcheado para que se genere el modo monitor, junto con la inyección, esto se debe gracias a que las distribuciones de seguridad posee controladores inalámbricos pre-parcheados.
3. Disponer de la instalación de suite aircrack-ng 1.1.

4. Mantener instalado Reaver para contar con soporte, causando que el ataque a las redes WPA2 se lleven a cabo, esto se hace posible por WPS.

Al cubrir cada uno de estos requisitos, lo siguiente es descargar e instalar la aplicación, para ello se deben conceder los permisos que faciliten su ejecución, esto se expresa por medio del comando "chmod +x wifite.py", hasta ejecutar la aplicación, ante cualquier duda, lo más recomendable es acceder a la opción de "help".

Lo esencial es que se pueda tener afinidad por la aplicación de filtros, y demás funciones al momento del escaneo, pero en líneas generales su desarrollo es sencillo, una vez que inicie, se encarga de escanear cada una de las redes de manera automática, proporciona información sobre los canales disponibles, es una fase de espera hasta que termine.

Durante el proceso de escáner, se debe pulsar CRTL+C, luego el mismo programa requiere el número de red sobre el cual se posee interés de auditar, de esa manera las funciones se encargan de proporcionar la clave de la red WiFi, por este motivo, se clasifica como un programa que cubre las expectativas de cualquiera.

Sobre las redes WPA2 que posean el WPS activado, este programa funciona de gran manera, pero por el nivel de seguridad posee un desarrollo lento, sin embargo se encuentra asociado el archivo de Reaver, a medida que se presenten más versiones, se obtiene una solución para cualquier plan de hackeo.

Hackear redes WiFi usando Wifimosys

Las herramientas para hackear redes WiFi cada vez son más sencillas de utilizar, una de ellas es Wifimosys, se ha considerado como una especie de Linset 2.0, es ideal para aquellos que no poseen tantos conocimientos en informática, es un gran inicio para atacar redes WiFi, ya que cuenta con una interfaz ideal.

El objetivo de esta herramienta es el mismo que Linset, de hecho se deriva de la instalación de Wifislax, y para ello debes realizar los siguientes pasos:

- Abre Wifimosys, por medio del Inicio/Wifislax/WPA/Wifimosys.

```
##############################################################
#                                                            #
#              WIFIMOSYS 0.22 by Absolut Vodker              #
#                   WIFI MOron' SYStem                       #
#                                                            #
#  Basado en LINSET de vk496 para seguridadwireless.net      #
#                                                            #
##############################################################


Elige escaneo de canal(es):

1) Todos los canales
2) Canal(es) específico(s)
3) Salir

#> █
```

- Inicia la herramienta que pone a la antena WiFi en modo monitor.

- Ejecución del escaneo para hallar los canales que están disponibles.

- Una vez que se puedan encontrar las redes WiFi, lo siguiente es presionar CRTL+C.

```
                      LISTADO DE REDES

Nª  MAC              CANAL  TIPO   PWR    NOMBRE DE LA RED

1 *  ..............     1   WPA2   63%    ............
2    ..............     7   WPA2   73%    .AMILLA CICKNE
3    ..............     7   WPA2    0%    Nombre oculto
4    ..............    13   WPA2   106%   MISO
5    ..............     9   WPA2   98%    .............
6 *  ..............     9   WPA2   70%    .............
7 *  ..............     9   WPA2   70%    CLARKE
8    ..............     9   WPA2    0%    Nombre oculto
9    ..............     9   WPA2   60%    .............

   (*) En rojo: redes con posibles clientes activos

   Selecciona el nª de la red a atacar...
   (Para reescanear pulsa r Para salir pulsa x)

       #> 4█
```

Luego al identificar esa red, es momento de que la función de captura pueda desarrollarse, solo se debe presionar enter para que el proceso vaya en automático, ejerciendo un ataque donde se pueda retener la contraseña, así se completa esta acción sencilla, aunque es un proceso demorado.

Jumpstart para hackear redes WiFi desde Windows

El funcionamiento de aplicaciones o programas para hackear redes WiFi desde Windows, es un requerimiento ante la gran cantidad de usuarios que poseen este sistema operativo, la solución es pensar en Jumpstart junto con Dumpper, aunque su funcionamiento no sea del todo preciso, es una gran ayuda para tratar de vulnerar la red WiFi.

Para tener acceso al uso de esta herramienta, lo primero por hacer es descargarla, aunque de primero se debe descomprimir el Dumpper, para que el acceso pueda estar garantizado, aunque su funcionamiento solo se materializa cuando existe una vulnerabilidad sobre el WPS, pero puedes probar al iniciar la herramienta Dumpper.

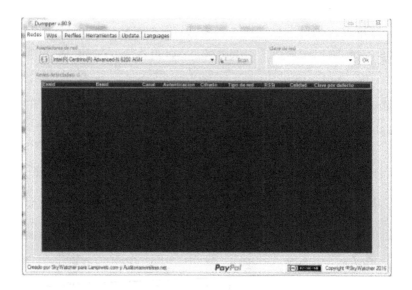

Por consiguiente el propio programa emite las redes cercanas, y permite presionar la opción para exponer el pin de
esas redes, solo se deben guardar los que aparezcan, en
este punto, la ayuda de una antena externa es notoria, para
que se pueda ejecutar el JumStart, para poner en marcha la
tercera opción de enter the pin fron my Access point.

Es necesario pegar un pin de la conexión seleccionada, es
esencial realizar este paso bajo un orden rotundo, luego en
la zona inferior se encuentra la opción Automatically select
network, esta se destilda y se presiona siguiente, para pro-
seguir con la selección de la conexión, hasta observar si el
proceso ha sido exitoso, guardando los datos obtenidos.

En ocasiones hace falta llevar a cabo varios intentos, además de alternar con distintas redes, es mejor usar cada uno de los pines, en caso de que no funcione a la primera, lo esencial es intentar hasta que conecte.

Descifrar la clave de WiFi en una Mac

Un método compatible con un sistema Mac, es el programa KISMAC, este ayuda a llevar a cabo el hackeo de la red WiFi, se basa en una función que posee larga trayectoria, para ello se debe instalar el programa para luego ejecutar sus funciones, luego cuando esté instalado, se debe dirigir a la opción de preferences, y luego presionar sobre Driver.

Posteriormente se debe seleccionar la capturadora, esta se encarga de aprovechar alguna brecha, y en "add", se incluye la acción de una antena WiFi externa, ante la selección de canal, lo mejor es elegir todo, para luego cerrar la ventana de preferences, lo próxima es realizar start scan, donde el superadministrador proporciona la clave para conectar.

Este tipo de proceso es mucho más demorado, por ello es mejor dejar que otras actividades se puedan ir gestionando, ya que hace falta que se complete un intercambio de 150.000 paquetes, siendo parte de la develación del HandShake, al encontrarlo se exponen las redes que no pudieron ser encontradas.

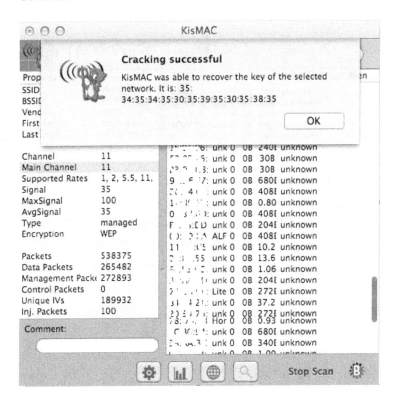

Una vez descubierto el Handshake, se carga el diccionario WPA, al localizarlo el propio programa se encarga de llevar a cabo el ataque, esta herramienta es sencilla y efectiva para usar como un modo de hackeo de redes de WiFi, es una oportunidad para que desde una Mac se pueda llevar a cabo este proceso.

Las herramientas avanzadas para auditar redes WiFi

En la actualidad se encuentran distintas herramientas para realizar una inspección sobre las redes WiFi, ese tipo de sistema se utilizan para develar claves, tal como se ha reiterado, estas funciones están al alcance de cualquiera con tan solo una preinstalación, como también acceso desde distintos sistemas.

Una de las herramientas más usadas para vulnerar las redes WiFi, es el escáner de redes WiFi, se trata de una aplicación que está disponible tanto para Android como para iOS, de igual manera el uso en ordenadores puede ser más cómodos para la mayoría, la sencillez de esta instalación abre todas las puertas para pensar en esta alternativa.

Cada punto de acceso que se encuentre cercano va a ser detectado, esto significa que puedes disponer de datos, nivel o intensidad de señal, encriptación y la dirección MAC del

AP, ese tipo de ventaja se acentúa sobre protocolos de seguridad que sean débiles, tales como WEP, y lo mismo sucede con WPA.

En el caso de utilizar sistemas operativos como Windows, la mejor elección como escáner es Acrylic WiFi, es una modalidad profesional para llevar a cabo la creación de scripts, esta una de las distintas herramientas que se extienden hasta para un uso móvil, todo depende del camino que sea más práctico.

La información que proporciona el escáner es lo que ayuda a hackear alguna red, en el caso de querer realizar estos pasos desde dispositivos Android, la respuesta recae sobre WiFi Analyzer, siendo una gran solución porque cuenta con una modalidad gratuita, siendo útil para accesos de banda de 2,4 GHz e incluso 5 GHz.

Para un uso a través de dispositivos iOS, se puede descargar Network Analyzer Pro, aunque no es una opción gratuita, pero eso significa que proporciona funciones avanzadas, marca una gran distinción a diferencia de alguna aplicación para Android.

Dentro de las herramientas más resaltantes para penetrar las redes WiFi, se encuentran las siguientes:

- **WirelessKeyView:** Representa una herramienta que posee un nivel de utilidad positivo, es gratuita y se encarga de recrear una lista con claves WEP, WPA2, y WPA, usando cada dato que sea almacenado por el ordenador.
- **Aircrack-ng:** Se trata de una suite que está dotada de aplicaciones de código abierto, cada una se encuentra diseñada para hackear claves WEP y WPA/WPA2, es compatible con cualquier tipo de sistema sus funciones son amplias.

Más allá de estas herramientas, se encuentran los Wi-Fi Sniffers, siendo un método mucho más eficaz para retener información sobre los APs, reteniendo los paquetes que se comparten sobre la red, esos datos de tráfico, se pueden importar sobre las herramientas anteriormente mencionadas.

Descifra las contraseñas WiFi guardadas sobre el móvil

Ingresar ciertas contraseñas de redes WiFi en el móvil, puede traer inconvenientes a futuro como lo es el olvido de las mismas, o querer volver a ese lugar y tener la contraseña para introducirla sobre otra clase de dispositivo, ante este escenario, es posible descifrar la clave, tanto en dispositivos Android como Apple.

Cada dispositivo almacena una infinidad de datos, en medio de la información se encuentran los acceso de redes WiFi, ya que esa clase de almacenamiento es lo que permite que se conecten de manera automática, por ello aumentan las posibilidades de recuperar ese tipo de datos al desarrollar un proceso específico para esa misión.

- ## Para dispositivos móviles Android sin root

Una de las ventajas de los sistemas de Android moderno como; Android 10 o Android 11, es mucho más sencillo vi-sualizar las claves, sin alguna necesidad de root, para hacer esto realidad, solo debes compartir la red por medio del có-digo QR, de ese modo la información se comprime por medio de esta vía, dónde también está la contraseña.

Por medio de esta vía, el propio sistema genera un código QR, permitiendo que desde otro dispositivo se pueda esca-near, para ello se pueden utilizar aplicaciones destinadas para esta función, sobre distintos dispositivos no hace falta descargar nada porque ya el propio sistema lo incluye, siendo parte de las marcas como Xiaomi, Samsung y otros.

La creación del código QR, se lleva a cabo por medio de un proceso sencillo como lo es el siguiente:

1. Ingresa a los ajustes o configuraciones del móvil.
2. Acede hacia las conexiones WiFi, y encuentra la red que deseas recuperar o conocer nuevamente su contraseña.
3. En las opciones que se despliegan sobre esa red, debes buscar el símbolo del código QR, al dar clic, se crea una imagen con el código.
4. La imagen transmitida o generada, se debe capturar para guardar el código QR, en medio de esa información se encuentra incluido el nombre de la red WiFi, conocida como SSID, además de estar la contraseña que es lo que se busca precisamente.
5. En caso de no disponer de un dispositivo móvil que no permita generar código QR, se puede realizar la captura por medio de Google Lens, esta herramienta se abre al pulsar el Google Assistant, y en un cuadrado con un punto, se incorpora la captura del código QR en la galería.

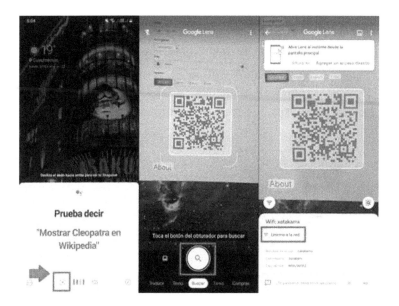

De este modo se completa un método muy sencillo, en comparación de lo que implica rootear un móvil, porque cada condición del móvil hace crecer las condiciones o procesos para hallar la contraseña.

- ## Descifrar claves WiFi por medio de móviles con root

Cada móvil Android almacena por defecto cada una de las claves de las redes WiFi, de ese modo se puede tener acceso hacia esos datos de manera cómoda, no hace falta escribir datos en caso de que se hayan perdido, ante este problema, es indispensable conseguir ese tipo de información por medio del dispositivo rooteado.

Al contar con un móvil rooteado, implica que puedes tener acceso a cada registro, esto incluye el tema de las contraseñas, esto no es fácil, porque compromete la seguridad del dispositivo móvil, pero es una administración amplia del móvil, eso permite que se puedan utilizar distintas apps que son compatibles con esa condición, como son las siguientes:

1. WiFi Key Recovery

Esta aplicación pone en marcha un método igual de sencillo que el anterior, se tiene acceso hacia las redes guardadas, para hallar esas opciones donde te hayas conectado alguna vez, así que solo hace falta seleccionar la red que sea de interés, para que se pueda dar clic sobre la opción de compartir clave, creando el código QR o enviando a un amigo.

• Descubrir claves de redes WiFi con root y explorador de archivo

Ante un dispositivo que posea acceso root, también se abre la posibilidad de recuperar la contraseña WiFi por medio del explorador de archivos, este usualmente puede ser una lectura Root Browser, para ello se deben conceder los permisos al root para que sea capaz de explorar cada uno de los archivos.

La búsqueda de los archivos donde están las claves, se debe llevar a cabo por medio del comando data/misc/wifi, hasta hallar el archivo wpa.supplicant.conf. debe ser abierto a través de un editor de texto, después debe ser ejecutado para observar las redes WiFi junto con las contraseñas, ubicando todo ese historial de conexión del pasado.

• Búsqueda de claves a través de iOS

Observar las contraseñas que se encuentran en sistemas iOS es posible, aunque lograr descubrir esas redes WiFi puede ser más complicado en comparación de Android, para ello se necesita contar con una macOs, además de tener el iPhone sincronizado directamente en iCloud.

Antes que todo, es fundamental tener activado iCloud, para ello se debe ingresar a ajustes, luego a ID de Apple, hasta encontrarse con el iCloud Llavero, de ese modo se puede comprobar que todo esté activado, aunque esta consecución de pasos depende del tipo de versión de iOS con la que se lleve a cabo el proceso.

Una que iCloud esté activado, es momento de volver a los ajustes, en ese sector se puede tomar en cuenta la opción "compartir internet", ahora el proceso se dirige hacia la Mac, para llevar a cabo la acción de recuperación por medio de estos pasos:

1. Conecta el ordenador Mac hacia el punto de acceso, esto se realiza por medio del iPhone y de las opciones del menú WiFi.

2. Al generarse la sincronía, cada una de las contraseñas guardadas en el iPhone, se empiezan a vincular con el ordenador Mac.

3. Una vez que te encuentres en el ordenador Mac, es momento de abrir la app de llavero.

4. Debes dirigirte a la opción de "sistema", esta se encuentra en la parte superior izquierda de la ventana.

5. Es momento de dar clic sobre la opción de "contraseñas", esta se ubica en la parte izquierda de la pantalla.

6. Al seleccionar la opción anterior, surgen cada una de las redes que se han conectado al iPhone, luego puedes elegir la red que desees descubrir o indagar.

7. Lo próximo es dar clic sobre la opción "mostrar contraseña".

8. De inmediato el programa solicita el usuario y la contraseña, esto permite que se pueda actuar como administrador, hasta que se emita la contraseña que estás buscando.

Alternativas para hackear las redes WiFi

El control o vulneración de las redes WiFi, se desarrolla bajo una extensa variedad de programas diseñados para ese fin, uno de los más populares con una gran cantidad de descargas en la actualidad son los siguientes:

- ## WiFi WPS WPA Tester

Es una herramienta de hackeo muy implementada y sencilla para Android, su idea original es la recuperación de claves pérdidas de las redes WiFi, su uso se basa en implementar un diccionario para averiguar el tipo de clave compatible con esa red, no es un algoritmo directamente de ataque por los temas legales.

El funcionamiento recae sobre la información predeterminada de los fabricantes de routers, esa configuración es explotada al máximo, probando o usando los 13 intentos para hallar la contraseña de la red WiFi, con la aplicación de la información o datos de esos modelos tan populares.

- **Cain & Abel**

Esta vía es indispensable cuando se trata de hackeo, es conocida en brevedad como Cain, posee una gran potencia para ser usado sobre Windows, se especializa en la carga de paquetes para realizar una búsqueda profunda, causando que también sea capaz de crackear, usando distintos hashes de contraseñas.

Se emplean técnicas de sniffing, sin dejar a un lado la acción de criptoanálisis, es un acompañamiento de la fuerza bruta como también los ataques de diccionario, la herramienta rompe una capacidad de captura y obtención de contraseñas de redes WiFi, por medio del estudio de los protocolos que se encuentran en traslado.

Es inimaginable la cantidad de datos que se pueden retener cuando esta herramienta funciona, posteriormente al usar Cain, cualquiera halla puntos débiles sobre la seguridad de la red WiFi, cada aspecto se expone por medio de la herramienta, en principio con una orientación informativa, y se puede utilizar como un indicio para hackear.

- **Kismet**

Es un instrumento de captura de paquetes, se basa en un mecanismo hacking, se manifiesta la capacidad para analizar toda clase de aspecto sobre la red, su principal implementación se notaba sobre los intrusos que rondan ese tipo de conexión, cada función va de la mano con la tarjeta WiFi.

El modo rfmon es compatible con el monitoreo sobre cualquier red, sin importar que estén ocultas, ya que se ponen en manifiesto los protocolos de la red inalámbrica: 802.11a, 802.11b, 802.11g e incluso 802.11n, su disponibilidad se encuentra sobre sistemas operativos de la talla de Linux, Windows y BSD, de ese modo se puede ejecutar.

- ## Airsnort

La acción sobre redes WiFi cifradas, es una realidad por medio de esta herramienta, su intervención es pasiva, se pone en marcha sobre las conexiones WiFi, para apoderarse de los paquetes hasta llegar a obtener la clave de cifrado de la red en tan solo escasos segundos, estos rasgos son similares a los de Aircrack.

La diferencia de esta herramienta con el resto, se basa en su interfaz, porque el manejo de la misma es más abierto para

cualquier usuario, así que no existe problema para ir tomando mayor control sobre dicho programa, su descarga es
gratuita y disponible para Windows y Linux.

- ## NetStumbler

Representa una alternativa ideal para Windows, la finalidad
es que esta aplicación pueda detectar un punto de acceso,
además está diseñado para desempeñar funciones mucho
más avanzadas sobre las redes que estén mal configuradas,
en medio de una red se encuentran una gran variedad de
opciones.

La versión de esta herramienta es gratuita, e incluso cuenta
con una modalidad minimalista como lo es MiniStumbler,
esta se incorpora como una utilidad para cualquier tipo de
usuario de Windows.

- ## Airjack

Ante algún deseo por ir más allá de la acción del hackeo,
esta herramienta es una gran respuesta para dar eses paso,
su función es la inyección de paquetes sobre cualquier tipo
de red, de ese modo se extraen los datos, buscando que
esas vulnerabilidades se puedan explotar al máximo, gene-
rando el acceso hacia los recursos de la red.

La gestión de este tipo de herramienta es destacada, aunque inicialmente es para medir la seguridad de una red WiFi, respondiendo ante la inyección de paquetes falsos, es una descarga necesaria para este tipo de finalidad.

- **inSSIDer**

Cada detalle sobre una red WiFi se puede exponer gracias a esta herramienta, no sólo se trata de funciones hacking, sino que se manifiesta un escáner completo para actuar sobre la red inalámbrica de la manera apropiada o deseada, su diseño cumple con una gran variedad de tareas, tal como acentuar los puntos de acceso de cada red WiFi.

Por otro lado, la señal es sometida a una monitorización, de ese modo cada registro es recopilado para tener seguimiento de los datos de la tarjeta inalámbrica, siendo una de las funciones más destacada de este sistema.

- **CowPatty**

Es una opción disponible para sistemas Linux, queda disponible para llevar a cabo auditorías acerca de la seguridad de la red WiFi, esta es una de las más usadas para esta finalidad, su ejecución o acción se basa en una serie de comandos, donde se ejecuta el uso de diccionarios además de fuerza bruta para vulnerar toda clase de seguridad.

Ante los sistemas de seguridad de redes WiFi, lo más usual es que posea resultados positivos sobre sistemas WEP y WPA, de ese modo se puede descargar esta herramienta para aprovechar estos aspectos.

• Wepttack

El uso de estas herramientas no se detiene para Linux, de hecho es dónde resultan más efectivas, ese es el caso de esta aplicación, se usa para tener un dominio exclusivo sobre este ecosistema, aunque su acción solo es especializada sobre cifrados WEP, usando ese tipo de ataques por medio de diccionario.

La utilidad central de este programa es realizar un seguimiento a la seguridad, causando que la contraseña se pueda obtener sobre el estudio de estas redes, su propósito es que sea una gran respuesta ante algún olvido de este tipo, es un programa minucioso en todos los sentidos, pero útil hasta para fines de hackeo.

Cómo descifrar claves de redes WiFi según las compañías

Uno de los aspectos claves o fáciles que se pueden explotar para hackear las redes WiFi es la compañía, es decir el operador de internet se conoce como un variable de vulnerabilidad que se puede estudiar a fondo para realizar el ataque, además según el tipo de compañía el proceso cambia, por ello conocer uno a uno es útil.

• Decodificar las claves Jazztel WiFi

La figura de un router de Jazztel, es una utilidad tecnológica que requiere un cuidado máximo, ya que posee un nivel de vulnerabilidad amplio, si la contraseña incorporada por defecto no cambia, solo significa que se van a originar muchos ataques, porque cualquiera puede ser capaz de atacar esa seguridad.

Para comprobar y aprovechar alguna oportunidad, solo debes descargar Router Keygen, posteriormente lo único que debes hacer es poner en marcha sus funciones, luego el proceso de demora más de 2 segundos, incluso si han cambiado la contraseña de la red, se pueden utilizar sistemas de auditorías como WifiSlax o Wifiway.

Este tipo de conexión no proporcionar ninguna clase de garantía, el descifrado de la clave se lleva a cabo de forma rápida, a esto también se suma que mayormente son redes que no poseen encriptado WPA2, es decir los sistemas de auditoría funcionan con efectividad cuando no se establece una contraseña.

Para realizar algún tipo de ataque, lo más recomendable es que cada usuario busque instaurar una clave compleja, ya que cuando imponen combinaciones entre mayúscula, minúscula, y símbolos, es muy complicado descifrar las claves.

- ## Descubrir contraseñas de la compañía ONO

Las redes ONO, pueden ser un objetivo de hackeo, es mejor optar por sistemas como Wifislax, ya que posee un gran margen de éxito, esto ayuda a que cualquier clase de vulnerabilidad sea explotada al máximo, aunque por medio de Android también existe la posibilidad de llevar a cabo un hackeo.

Con la aplicación Android ONO4XX FREE, se puede atacar una red WiFi, tan solo se necesita una descarga que permita llevar a cabo este paso, aunque no es una opción tan potente como Wifislax, porque la modalidad Android solo descifra claves de routers ONO que sean antiguos, o los que posean claves WEP o WAP, hasta las predeterminadas.

Para reconocer que se trate de la compañía ONO, debes identificar el SSID, este normalmente posee una nomenclatura como las siguientes:

1. ONOXXXXXX
2. ONOXXXX
3. ONOXAXA

Esta clase de estudio es útil, donde la app ONO4XX FREE se encarga de explotar las claves del router ONO, que posean los SSID ONOXXXX, es decir que no posean letras sino esta descripción, porque significa que poseen una seguridad antigua, donde también posee un efecto rotundo el tipo de MAC, ya que se requiere que empiece por:

1. E0:91:53
2. 00:01:38

Pero cuando la red no sea compatible con estos detalles, de igual manera se puede intentar vulnerar la seguridad de la red WiFi, porque el router ONO posee gran debilidad ante la acción de Wifislax, debido a que el algoritmo que posee la contraseña ONO, se ha filtrado sobre la mayoría de diseños de hackeo.

ONO se considera como una de las operadoras seguras, pero deja ciertos criterios de seguridad en manos de intenciones de ataque, aunque esta compañía en la actualidad está por encima de Vodafone, sus routers Netgear proporcionan un rendimiento aceptable, pero sin la configuración básica, siguen siendo redes sencillas de atacar.

• Descifrar claves de redes WiFi Movistar

Los routers WiFi de Movistar se clasifican como uno de los más sencillos a hackear, y su SSID es muy accesible de verificar, y en la mayoría de las ciudades es un servicio común, a esto se suma una larga lista de apps de Android que permiten la decodificación de las claves de este tipo de redes.

Movistar como una de las operadoras a tomar en cuenta, la oportunidad de hackeo se basa en la configuración de serie de sus routers, ya que cuando el WPS está activado lo complica todo, por ello el uso de la aplicación Androdumpper, como también el programa Wifislax posee un resultado óptimo para retener esa contraseña deseada.

Es muy rápido descubrir la clave de la red WiFi, ya que mientras se tarden en desactivar el WPS, mejor oportunidad surge para obtener el acceso hacia esa red WiFi, sobre todo si no se instauran claves de gran densidad.

- ## Descifrar claves de redes WiFi Vodafone

En un lapso de tiempo del 2014 al 2015, las redes WiFi de Vodafone no eran impedimento para cualquier finalidad de hackeo, ya que la información estaba totalmente filtrada, causando que el algoritmo que utiliza fuera conocido por toda la comunidad en línea, por ello cualquier usuario que posea un router anterior a 2015, es un riesgo rotundo.

En alguna localidad donde exista una clave predeterminada, es sencillo ejercer un hackeo de redes de WiFi, la vulnerabilidad es un factor que no se puede pasar por alto, ya que programas como Router Keygen posee el algoritmo de esta compañía, aunque con routers que sean novedosos se vuelve complicado el proceso de hackeo.

La mejor manera para descifrar una red WiFi de esta compañía, es por medio de la herramienta Kali Linux, junto con su aplicación "WifiPhisher", siendo un método de hacking avanzado, a través de estos métodos se gestionan una gran variedad de ataques, la acción de WifiPhisher se basa en crear un punto de acceso de carácter falso.

A medida que la acción del router Vodafone se pueda bloquear, para que el usuario pueda emitir su contraseña, la cal se descifra para una finalidad maliciosa, ese tipo de obtención forma parte del poder de WifiPhisher que adquiere la nueva contraseña, por ellos las ventanas emergentes son un señuelo para alcanzar esa contraseña.

Un método de este tipo, funciona con un nivel de efectividad llamativo sobre otro tipo de red, ya que Vodafone no es la única compañía que posee un riesgo de ser hackeado por los datos filtrados.

• Consigue claves de redes WiFi con Orange

Para los que buscan decodificar una clave de WiFi Orange, tienen una gran cantidad de oportunidades para llevar este procedimiento a cabo, uno de los más resaltantes es por medio de la aplicación Android PulWifi, se basa de un mecanismo sencillo que permite observar en verde las redes que están vulnerables.

En medio del análisis de esta aplicación, en color rojo se encuentran las que no son posibles de hackear, esto se debe gracias a que esta aplicación posee el diseño cargado del algoritmo de redes WiFi Orange, por ello domina la mayoría de las claves que poseen los routers Orange WiFi por defecto.

Por otro lado, para vulnerar las redes WiFi, se puede ejecutar la herramienta WirelessCracker, ya que esta posee un funcionamiento similar a Pulwifi, tan sólo hace falta aprovechar el reconocimiento del SSID, para aprovechar la debilidad de cada compañía, en el caso de Orange existe ese porcentaje vulnerable.

Por preferencia, el uso de Pulwifi posee mejores resultados, porque imparte notificaciones cuando existe una posibilidad de vulneración, ya que se enfoca en una red WiFi que pueda decodificar de manera efectiva, por medio de la información areca de las contraseñas Orange WiFi que posee almacenada.

- ## Decodificar redes de WiFi pertenecientes a Claro

En medio redes WiFi que sean parte de Claro, la salida más eficaz es usar Turbo WiFi, sobre todo como una herramienta útil ante la gran cantidad de países donde opera Claro, ante la gran cantidad de zonas Claro, esta es una solución clave, por otro lado se puede incorporar el funcionamiento de Wifi Unlocker como una gran herramienta para ello.

En medio de los intentos de hackeo, se puede añadir la acción de una APK, mientras mejores estrategias se incorporen, mejores resultados se presentan, porque la propia red WiFi recibe ataques de distintos frentes.

La mejor manera de hackear redes WiFi, paso a paso

En los distintos métodos que existen para hackear redes WiFi, cada uno posee su facilidad o su complicación, todo depende de los conocimientos básicos del usuario, pero lo importante es reconocer que cada forma, es un fallo o una desatención de la propia seguridad de la conexión.

Los pasos iniciales para hackear una red WiFi a nivel general, y en base al programa Wifislax, son los siguientes:

1. En primer lugar, debes contar con la descarga del sistema Wifislax, su función es auditar las redes informáticas, y es de gran utilidad para obtener los datos de esta naturaleza.

2. Al tener descargado Wifslax, es momento de trasladarlo hacia una memoria USB, por medio de un programa especial que permite convertir ese almacenamiento en un sistema de arranque.

3. Conecta la memoria USB hacia el ordenador, luego enciende el mismo, para poner en marcha el arranque con Wifislax, sin producir ningún tipo de daño.

4. Una vez que arranque Wifislax, se produce la oportunidad de hackear la red WiFi por medio de estas herramientas basadas en la auditoría.

Para que se pueda llevar a cabo este procedimiento de forma eficiente, es importante disponer de un ordenador, aunque estos pasos no son aptos para una Mac de Apple, pero el requisito reiterado que se impone como un requisito es la tarjeta WiFi, buscando que sea compatible con las funciones de auditoría.

La recomendación para tener cubierto este requisito, es disponer del adaptador WiFi USB de Alfa Network, se basa en un adaptador que funciona por medio de un chip, ayudando a que las herramientas de hackeo sean utilizadas por completo, lo primero es probar el chip sobre el ordenador.

Por otro lado, el rol del pendrive USB es importante, ya que esa capacidad de 8 GB como recomendación, es la que va a contener el sistema, causando que se instalen cada una de las herramientas de auditorías que son claves para hackear, para mejores resultados se puede implementar un antena WiFi de gran capacidad.

Estos pasos iniciales son los que permiten llevar a cabo cualquier plan de hackeo, y la disponibilidad de Wifislax puede ser de 32 o 64 bits, para convertir el pendrive en un sistema de arranque, lo mejor es usar el programa UnetBootIn, donde se añade el ISO, pero al lograr instalar el programa, lo que resta es usar sus herramientas.

Iniciar el programa, permite que encuentres todas las opciones disponibles, donde surge el mismo inicio de Windows pero con un tema de Linux, solo debes hacer clic sobre "ejecutar orden", luego es momento de ingresar la orden "geminis auditor", se trata de una herramienta que ayuda a escanear cada red WiFi disponible al alcance.

Las redes que sean emitidas en verde, se encuentran accesibles de hackear, para atacarlo, se debe hacer clic sobre la opción de atacar objetivo, la misma herramienta proporciona dos opciones, se pueden ejecutar ambas para que se genere la emisión de la contraseña de la red WiFi, la ruta para ello es "opt/GeminisAuditor".

Ese comando se encarga de crear un archivo con todas las contraseñas que hayan sido descifrada, para hacer uso de las mismas, se debe abrir un fichero desde el navegador, otro tipo de herramienta que proporciona el programa es Linset siendo otra de las funciones de este amplio programa, que se pueden explorar por completo.

Kali Linux: el hacking más efectivo de redes

Cuando se mencionan métodos para hackear redes WiFi, es imposible dejar a un lado a todo un sistema operativo diseñado para esta función, por ello es una de las opciones más populares, además cuenta con distintas vías de instalación, puede ser sobre el ordenador y en medio del disco de arranque.

Esta clase de respuesta o medida, se puede ejecutar sobre algún ordenador, conocido como VMWare, Virtual Box y otras opciones, almacena una variedad importante de herramientas de informática forense, dentro de las cuales resaltan Kismet y Aircrack-ng, permitiendo realizar pentesting en redes WiFi.

Este tipo de sistema alberga una modalidad gratuita, su soporte web es realmente positivo a tomar en cuenta, y en línea circula una importante variedad de contenido para comenzar a trabajar con esta herramienta desde cero, se destaca por incluir las siguientes herramientas:

- **Reaver:** Es una acción que permite hackear a cualquier red por medio del WPS, sobre todo cuando usa PIN activado, siendo efectivo sobre aquellas redes que mantengan activas el WPS.

- **Wi-FI Honey:** Es una herramienta que posee forma de panal, causando ese efecto de atraer a los usuarios, a medida que quieran conectarse a ese punto de acceso, se adquieren esos datos por medio de la implantación de APs falsos, es una captura de ese tipo de tráfico.

- **FreeRadius-WPE:** Es el encargado de realizar ataques de carácter man-in-the-middle, siendo ideal para la autenticación de tipo 802.1 como uno de los objetivos.

Aprende a descifrar redes de WiFi con Air-crack-ng

El uso de aircrack-ng debe ser explicado por tratarse de una de las mejores herramientas, posee una gran función o rendimiento para hackear redes WiFi, aunque para ello debes contar con una tarjeta inalámbrica, sin dejar a un lado disponer de la distribución de Kali Linux, al cumplir con estos aspectos, es estar listo para llevar a cabo las siguientes acciones:

1. Preparación del adaptador

Es una fase de verificación acerca de Kali, es la identificación del adaptador, esto es posible por medio del terminal, donde se ejecuta el comando: airmon-ng, luego es momento de deshabilitar algún proceso que intervenga, para ello debes colocar este comando: airmong-ng check kill.

Posteriormente se activa el monitoreo, por medio del comando: airmon-ng start wlan0, para ello debes tener identificado el nombre de la interfaz, para que se pueda poner en marcha el airodump-ng, de ese modo cada conexión pasa a ser estudiada.

2. Encuentra un red WiFi como objetivo

Al tener la lista de los puntos de acceso cercano, se puede implementar la función de descifrar la contraseña de la seleccionada, para ello es importante anotar el BSSID y CH, luego es momento de apretar las teclas Crtl+C, de ese modo se ejecuta el comando airodump-ng –c 6 –bssid 02: 08: 22: 7E: B7: 6F – write (nombre de la red).

3. **Emite un ataque deauth**

Es momento de abrir una terminal, para que se genere el ataque deauth, de ese modo cada usuario va a ser desconectado de esa red, esto crea un escenario ideal para obtener el handshake, una vez que sea obtenido, se presiona nuevamente Crtl+C.

4. **Descifrar claves de WiFi por medio de fuerza bruta**

Esta etapa se dedica a la develación de la clave con ayuda de aircrack-ng, esto debe causar que arroje el resultado de KeyFound, todo depende de la complejidad de la clave.

El método más rápido para hackear redes WiFi

El hackeo de redes WiFi puede ser ejecutado de manera sencilla, por ello el principal truco herramienta a tener presente es el programa WiFi Hack 2021 All In One, se ha considerado como el camino más efectivo para vulnerar la seguridad de esta conexión, siendo un programa compatible con Windows, MAC y Linux.

Este tipo de utilidad se puede utilizar por medio de Android y iPhone, por medio de una descarga que no es del todo gratuita, esto se debe a que no es un proceso sencillo, y posee resultados de verdad, por ello es una solución rápida, efectiva pero no económica para algunos usuarios que busquen un modo gratuito.

NetSpot para hackear redes WiFi vulnerables

El análisis para hackear una red WiFi, se puede llevar a cabo con NetSpot, ya que su especialidad se basa en concentrarse en ese tipo de red que posee menor nivel de seguridad, es decir todo el foco se encuentra sobre las que estén protegidas y clasificadas como WEP, siendo una gran diferencia de resistencia en base a WPA o WPA2.

Hallar redes que estén protegidas por WEP, causa que tengas en tus manos una alternativa fácil para hackear, porque solo hará falta instalar el software apropiado, dejar que actúe, y en poco tiempo se descifra la red WiFi, la acción de

NetSpot es importante porque aplica un descubrimiento como método de análisis.

En medio de los informes que proporciona esta herramienta, presenta todos los detalles relacionados con las redes WiFi adyacentes, es una gran facilidad para ver cada uno de los nombres e identificaciones de las redes que rodean tus dispositivos, hasta determinar el nivel de señal, los canales que emiten los datos y la seguridad también.

Cuando se resalte alguna red que posea como seguridad WEP, se presenta el momento de demostrar los conocimientos por hackear este tipo de red, la búsqueda de esta clase de redes se ha facilitado por medio de esta herramienta, la cual funciona al mismo tiempo para ayudar a proteger alguna red, evaluando los requisitos de seguridad.

Cómo vulnerar la contraseña predeterminada del router

La importancia del router, se basa en que es la fuente de conexiones misma, estos se exponen a distintos tipos de malware que buscan aprovecharse de contraseñas débiles, esto se debe en parte a los usuarios que no ingresan al router, es decir a su sitio web, para cambiar la contraseña que proporcionan por defecto.

La seguridad de una conexión depende de este paso, lo primero que se debe tomar en cuenta es la dirección IP, ya que esta es diferente para cada router, y es lo que permite que se pueda ingresar hacia la interfaz de administración del mismo, esa dirección IP se encuentra sobre el mismo router colocada en alguna etiqueta.

Pero, este tipo de dirección IP, se puede hallar por medio de sitios como routeripaddress.com, siendo una fuente de información acerca de alguna dirección IP del router, así que con unos pocos clics, se posee acceso hacia ese tipo de información, el mejor ejemplo surge tras el router Linksys, que posee una dirección común de 192.168.1.1

En el caso de router Belkin, su dirección se conoce como 192.168.2.2. de ese modo se puede ingresar a las opciones de administración del mismo, las direcciones comunes son:

-10.0.0.1

-10.0.1.1

-192.168.2.1

-192.168.11.1

-192.168.0.1

-192.168.0.227

Por medio de la identificación del fabricante del router, se puede llegar al fondo de las configuraciones, siendo beneficioso para explotar ese tipo de vulnerabilidades, de igual modo ciertas herramientas mencionadas, permiten descubrir estos datos, que son importantes para sacar provecho de los descuidos.

La contraseña para tener acceso a la configuración del router, por defecto suele ser "admin", de igual forma se puede revisar por medio de Google, para hallar el nombre de inicio de sesión, y la contraseña predeterminada por el modelo y el fabricante del router, de ese modo obtienes más información para vulnerar la configuración.

Los fallos disponibles detrás de los routers

Ningún tipo de router está inmune a las vulnerabilidades, porque a nivel de hardware y software, sobre todo cuando no poseen un sistema de actualización activo, no deja de ser vulnerable y pone en riesgo toda la red WiFi, más de 127 routers domésticos presentan fallos de seguridad, causando resultados lamentables.

Para determinar la vulnerabilidad de un router, es preciso tomar en cuenta ciertos detalles, lo primero es la fecha de su lanzamiento, para detectar el tipo de firmware que posee ese modelo, a esto se suma el tiempo que posee la versión del sistema operativo que utiliza, por otro lado, se encuentran las técnicas que posee el router para mitigar engaños.

En el mercado, por estadística y estudio, se ha determinado que 46 de ellos, no poseen actualizaciones en los últimos años, causando una gran debilidad ante los ataques de toda clase, sin dejar a un lado los modelos que emiten actualizaciones sin parchear las vulnerabilidades conocidas, por ello es un gran margen de opción hackeble.

Las mejores marcas que responden a estos criterios son ASUS y Netgear, en cambio D-Link, TP-Link, Zyxel y Linksys, esto se debe a que las primeras dos marcas, poseen 13 clves privadas accesibles, esto significa que ningún atacante puede tenerlas, en cambio si la clave está en el firmware, la clave está presente sobre estos modelos.

Más del 90% de los routers, utilizan el sistema Linux, y ese tipo de sistema no se actualiza de forma constante, sólo un 5% de los mismos, cuentan con un soporte de actualización hasta 2022, pero cuando se trata de evitar comprar un router, resalta Linksys WRT54GL, ya que es uno de los más vulnerables del mercado.

La debilidad del modelo anteriormente mencionado, se debe a que su diseño corresponde a 2002, y algunos usuarios lo conservan o incluso lo adquieren por su bajo costo, por ello usar un router viejo es un peligro significativo, de ese modo, al conocer la marca del router, ya se puede determinar de antemano la dificultad para hackear.

Consejos y requisitos para hackear redes WiFi

Dedicarse sobre el hackeo de alguna red WiFi, sin duda es una acción que amerita de tiempo, pero para que no se trate de un esfuerzo en vano, puedes seguir las siguientes recomendaciones para llevar a cabo un proceso efectivo:

- **Comprueba la capacidad de tus equipos**

Es vital tomar en cuenta el tipo de mecanismos que posees para utilizar una herramienta de hackeo, ya que contar con una tarjeta de WiFi, cuenta como un requisito clave, para que se trate de un proceso con mejores resultados, en caso de no tenerla, lo que puedes hacer es contar con una tarjeta conectada vía USB.

Por otro lado, además de la tarjeta WiFi, se suma la función de la antena WiFi para ampliar las posibilidades, con mejor señal hay mayor probabilidad de hallar una abierta, o de que el proceso se genere con éxito, sin dejar a un lado, el rendimiento del ordenador o dispositivo, para que pueda llevar a cabo el hackeo sin problemas.

• La preferencia persiste sobre Linux

Más allá de que existen programas y herramientas para Windows que permiten hackear redes WiFi, lo más recomendable es utilizar Linux, no es necesario cambiar de sistema operativo, sino que se puede crear un arranque de un CD sobre el ordenador, para utilizar la herramienta desde un aspecto básico.

Antes de iniciar el proceso hack, se puede incorporar un ordenador que sea compatible con estos requerimientos, lo ideal es que los programas sean ejecutados a su máxima capacidad, de lo contrario aunque sea la descarga adecuada, no va a generar los efectos esperados de revelar alguna clave o atacar una red WiFi.

• Considera que el cracking no es legal

La práctica del cracking no es del todo legal, sobre todo cuando se empieza a generar el consumo de datos, aunque es una falta legal de menor tamaño, es decir que solo te expones a una multa, además la mayoría de herramientas tienen diseño de auditoría de redes WiFi, pero con su potencia, llegan a ser usadas para una meta de hackeo.

- ## La ventaja surge sobre redes con menor protocolo de seguridad

En medio del hackeo de redes WiFi, el enfoque debe estar directamente sobre las redes que sean de tipo WEP, ya que proporcionan una amplia ventaja de vulneración, porque su propia configuración antigua es una vulnerabilidad que se puede explotar fácilmente.

Qué hacer cuando usan métodos de hackeo en tus redes WiFi

Cuando alguna de las herramientas anteriores causa una vulneración sobre la seguridad de tu WiFi, es momento de pensar en reforzar cada aspecto débil de la red, de ese modo el acceso es contraído por completo, la inmunidad ante el hackeo se puede construir tras los siguientes pasos:

- Ajusta la clave de WiFi, en lugar de ser por defecto al router, la mejor solución es personalizar.

- Modifica el nombre de la red (SSID), esto ayuda a que no se pueda conocer con facilidad cuál es el tipo de router, impidiendo que aproveche los fallos de seguridad que posee esa marca de fábrica.

- Utiliza cifrado WPA2, esta decisión o medida busca que sea complicado o genere más tiempo descifrar la clave por medio de algún software.

- Restringe el número o la cantidad de direcciones IP, esa asignación evita que se pueda crear una concurrencia de hackers, otra opción es colocar un filtro de MAC sobre el router.

- Limita la tecnología que no sea usada, esto tiene que ver con la activación de WPS.

- Posee el firmware sometido a actualización.

- Emplea una instalación antigua, como lo es la adaptación de cables, siendo una modalidad mucho más confiable.

La máxima seguridad del protocolo WPA3

Ante el hackeo de redes WiFi, es vital tomar en cuenta los protocolos de seguridad que se mantienen bajo una innovación constante, tal como sucedió con el lanzamiento del protocolo WPA3, la cual impone una gran preocupación para cualquier finalidad de ataque, porque las contraseñas son más complejas de descifrar.

Vulnerar esta clase de redes inalámbricas, es prácticamente imposible, a menos que puedas conseguir una interacción con la red WiFi, y el uso de datos antiguos no es factible, ya que cada vez son más seguros, al mismo tiempo, los dispositivos inteligentes son sencillos de configurar por medio de WiFi Easy Connect.

Por medio de esta actualización, hasta las redes WiFi públicas se imponen como seguras, todo gracias a la potencia de su cifrado, sobre todo buscando una ramificación especializada, una para círculos domésticos, y otro para empresas, aunque si no se colocan contraseñas largas, de igual forma existe un gran riesgo de vulnerabilidad.